काव्य पंखुड़ी

कविता संग्रह

सूर्यांश एस. चौहान

ISBN 979-888569871-9

आपको समर्पित (पाठक)

क्रम-सूची

क्रम-सूची

क्रम-सूची

कॉपीराइट अस्वीकरण

प्रस्तावना

कुल 16 एंथोलॉजी में बतौर सह लेखक, 3 पुस्तकों का एकल लेखक एवं हाल ही में एक एंथोलॉजी में कंपाईलर के रूप में प्रकाशित होने के बाद मेरे मन में एक हिंदी किताब पे काम करने की इच्छा जागरूक हुई।

पावती (स्वीकृति)

इस एंथोलॉजी की सफलता का श्रेय मैं सभी सह लेखकों को देना चाहूंगा जिनकी मेहनत और प्रयासों के बिना यह मुमकिन न हो पाता।

आमुख

काव्य पंखुड़ी

    पंखुड़ियां गिरें,
जब हवा चले।
जब समय का,
ना पता चले।
पन्नों पे जब,
कलम चले।।
तब जाकर,
ही फूल खिलें।
तब जाकर
ही कविता बने।।
ये शायरी कैसी,
जो मेल ना खाए।
यह बांसुरी कैसी,
जो धुन ना बजाए।।
वो खिलाड़ी ही क्या,
जो खुद खेल ना पाए।
जब हवा चले तो,
पंखुड़ियां गिर जाएं।।
इस हवा की धुन पे
जो शब्द बिखरें तो...
...बैठे बिठाए ही
कविता बन जाए।।
    ~सूर्यांश एस. चौहान

1. सूर्यांश एस. चौहान

सूर्यांश चौहान (उपनाम : सूर्यांश एस. चौहान) मध्यप्रदेश के ग्वालियर शहर में जन्मे थे(जन्मः 29 मई, 2004) वर्तमान में डी.ए.वी कोटा के छात्र हैं। लिखने के अलावा चित्रकारी तथा फोटोग्राफी में रुचि रखते हैं।

वह राष्ट्रीय स्तर के कराटे खिलाड़ी एवं यूट्यूबर भी हैं।

14 वर्ष की आयु में लिखना शुरू किया, 15 वर्ष की आयु में सह-लेखक, 16 में लेखक और 17 वर्ष की आयु में कँपाईलर की उपाधि हासिल की।

वैसे तो ज़्यादातर अंग्रजी में लिखते हैं किंतु हिंदी भाषा से भी उतना ही प्रेम है।

Social Media–

Instagram : @suryansh_s_chauhan &
@thefadingbud_

Twitter : @Surya_S_Chauhan

Youtube : Suryansh S Chauhan

Mail : surya29.sc@gmail.com

शरबत

हो... कांच की शीशी नीचे गिरी जो,
शरबत रंग भरे सारे फैल गए।

माना मुश्किलें हैं बहुत,
माना हिम्मत की है कमी।

लेकिन एक दिन तू छुएगा आसमान,
और तेरे कदमों में होगी ज़मीन।

आइने में देख, क्या दिखता है?
आखिर किस्से तू इतना डरता है?

समय ही तो है ये, बीत जाएगा।
खुद पर रख यकीन, तेरा भी वक्त आएगा।

जो चाहिए तुझे वो आज न सही,
कभी ना कभी तो मिल ही जाएगा।
अभी जो है उसका तू जशन मना।

मनज़िल महंगी पड़ेगी, तू तो ठहरा फ़कीर।
लेकिन यकीन के खज़ाने की तुझपर कमी तो नहीं।

झांक खुदमे तू और देख क्या है बाकी,
खुदसे बेहतर तू बनके दिखा।

इतिहास लिखेगा या इतिहास में ही रहेगा,
आज की सोच, थोड़ा कम दुखी रहेगा।

बचपन

कोशिशें थोड़ी सी,
थोड़ी नादानियां
थोड़े-थोड़े से पागल,
हम सारे ही यहां।

बचपन में ढेरों,
शैतानियां हम करें।
हर पल अपनी,
मनमानियां हम करें।

यारों की यारी है,
क्या दुनियादारी है?
कुछ भी खबर ना हमें।

मन सबके साफ हैं,
सच्चे जसबात हैं,
दुनिया की फ़िक्र न हमें।।

तेरी गली

गली ढूंढने तेरी चला
रास्ता भटक गया
सीधे जाना था
ना जाने कहां मुड़ गया

खो चुका....हूं मैं यहां
ना जाने ...तू है कहां
बेखबर और लापता
ना जाने कहां-कहां फिरा
मैं गुमशुदा हां....गुमशुदा

ये धुन कैसी है
जानी पहचानी सी
कोई गाना इसपे
पहले तो न बन गया
मैं चला....हां चला
ना जाने....कहां

गली ढूंढने तेरी चला
रास्ता भटक गया
उम्र भर... मैं यहीं रहा
लेकिन रास्ता... नही पता

यह कैसी बचकानी है
अजीब सी कहानी है
ये धुन पहचानी है
कहां सुनी थी ये

मैं बार-बार यही सोचके
खुदमें ही खोगया

हां.... तेरी गली के
...सामने ही... आके
मैं उल्टे पैर क्यूं लौटने लगा

गली ढूंढने तेरी चला...
और रास्ता भटक गया।।

मतलब की दुनिया

लगता ऐसे जैसे मानो कुछ न हुआ हो
पूछो मुझसे पूछो कैसा लग रहा मुझे

कोई पूछने वाला है ही नहीं,
इसे... अगर तुम...रोना धोना कहो तो....

सुनलो मेरी बात कल हो ना जाने क्या
किसी को किसी से मतलब नहीं

ये जो पूछें हाल चाल
अगले पल मांगे हाथ

कोई काम उन्हें
तुमसे करवाना हो तो

जानलो ये बात,
कोई किसी के ना साथ

सब चलता है
बस होता है

हां होता है...
सब चलता है।।

काम से ये नाम याद रखते आजकल,
खत्म हो जो भूल जाएं तुम्हे अगले ही पल।

ऐसे ही दुनिया चले,
ऐसे ही काम बने

तेरे होने ना होने से
ये न रुके

फिर क्यों तू फ़िक्र करे,
क्या सोचे वो, क्या वो बोले वो

सच तो ये है,
तेरे बारे में सोचने के लिए

किसीको फुरसत ही नहीं

ऐसे ही चलती है,
ऐसे ही बनती है।

ना जाने क्या क्या करती है
पर ऐसे ही रहती है यह मतलब की दुनिया।।

2. ममता सिंह

साहित्य में अभिरुचि है।
Instagram : @mamta_s_chauhan

सुकून

सुनकर जिसे दिमाग में राहत सी आ बसे।
ऐसी कोई उदास कहानी सुनाइऐ।।
शहर है खामोश दिल का न होगी कभी महफिले यहाँ।
ना उम्मीद का है कोहरा घना हल्का सा इसे हटाइये।।
यदि किसी को लेकर मन में कोई एहसास जगे।
ये प्यार नही कुछ और है धोखा ना खाइये।।
दिले बर्बाद था दिले बर्बाद है। दिले बर्बाद ही रहेगा।
सुकून जो दे मन को अश्कों की ऐसी बाढ़ बहाइऐ।
है गुनाह प्यार यहाँ चाहतो पर हैलाखो बन्दिशें।
बन्दिशों की दीवार क्या कहूँ रेखा ही पार कराइये।।

आस्था

हे ईश्वर तेरी दुनिया में क्यो इन्सान बनाये जाते है।
क्यों तुझे पूजने वालो के अरमान मिट्टी मे मिलाये जाते हैं।।
देकर ख्याबो के जहां उन्हे फिर ढहराऐ जाते हैं।
देकर चिरागो को रोशनी उन्हे फिर बुझाये जाते है।।
जीते है अपने तसब्बुर में वो दीवाने कहलाये जाते है।
एतबार नही जहां पर उनको यकीन फिर भी दिलाये जाते है।।
अपने गम के एहसासो को सीने मे दफनाए जाते है।
इस जग मे रह कर सबसे रिश्ता फिर भी निभाये जाते है।।

दोस्ती

मिलते है हज़ारों लोग उन्हे परखना मुश्किल होता है।
इस झूठे जग मे सच्चे बन्दे का मिलना मुश्किल होता है।।
चमन में फूलों का खिलना होता है। जैसे खिजां केजाने पर
ज्यूं तपती धरती पर सावन का बरसना होता है ।।
निराशा के गहन बादमें जब चांद का निकलना होता है ।
वो अंधेरे पथ पर रोशनीका निशां होता है।।
ना वास्ता है छल का कहीं ना स्वार्थी वो होता है।
राह दिखाता है सच्ची वो पथ प्रदर्शक होता है।।

बिखरे पन्ने

सहेजे हुए अतीत के पन्ने वक्त के साथ बिखर गए
पायी है मनचाही मजिल पर मंजर बदल गये
थी चाह जीवन केहर पल को उमंग से जीने की
उदासियों के आवरण में उमंग केहर रंग दब गये
यूं तो प्यारा है साथ उनका है मन में एकाकीपन भी
पाकर तन्हाई का साथ हम खुद में सिमट गये
बदलेंगे हालात और हम भी है आशा की किरण भी
वक्त के साथ हम भी नजाने किस रौ में बह गए
रहता है शिकवा हालात से नजाने क्यो कहीं भी मै रहूं
ये कहूं किमै या फिर तो जिन्दगी के मायने बदल गए

मासूमियत

किसी बच्चे की मासूम निर्दोष मुस्कराहट
मन को बहुताभाये ये अनमोल मुस्कराहट
है अशं कहीं ईश्वर का इनमें बसते है अल्लाह
लगे कोईदुआ सी पवित्र ये मासूम मुस्कराहट
हो गमे जदाये दिल औरहो तन्हाई भी
उस वक्त लगे शहनाई सी ये मासूम मुस्कराहट
जब कामना करेकिसी कीबिनती हो या फ़रियाद
रब को भीये लुभाये मासूम मुस्कराहट

3. निकिता गुप्ता

निकिता गुप्ता(खंडेलवाल) कक्षा दसवीं में पढ़ने वाली डी.ए.वी कोटा की छात्रा हैं।

12 वर्ष की उमर में अपना कविताएं रचने का सफ़र शुरू किया था आज भी उस पर अग्रसर हैं तथा आगे भी रहेंगी। यह अपने

आस-पास के वातावरण और हर वो विषय जो इन्हें प्रभावित कर जाता है उसपर लिखती हैं।
Instagram: @kalamraag
Mail id: guptanikita959@gmail.com

कृष्णा का मोह

मोह मुक्त होकर तो जी लू मैं कृष्णा,

मगर मोह तुझसे हो,

तो कैसे जिया जाए?

इस उलझान का अब मेरी,

तू ही दे कोई तो उपाय,

दार-दर की ठोकरें खा रही हूं तेरे लिए,

वो घर अब तू ही बता,

जिसमें तेरा पता मिल जाए,

मंदिरों में भोजन तू खाता नहीं,

कोई रास्ता बता जिससे तेरी भूख तृप्त होजाए,

मोह मुक्त होकर तो जी लूं मैं कृष्णा,

मगर मोह तुझसे हो तो जिया कैसे जाए?

एकतरफा मोहब्बत

दोतरफ़ा इश्क़ सभी को चाहिए,

पर सच्चा इश्क़ तो एकतरफा होता है,

लैला-मजनू तो सिर्फ़ कहानी के किरदार हैं,

या ये कह लो कि ये उस ज़माने का प्यार है,

जो भी है हमें क्या,

हम तो हैं बस बेपरवाह,

न किसी की ख़बर न किसी चीज़ की चाह,

दिन-रात बस उन्हें पाने की दुआ करते हैं,

वो ही जो किसी और के लिए हमें जुदा करते हैं,

इसी मुहब्बत में तो मज़ा है,

जिसे ये भी न मिली उसके लिए सज़ा है,

उन्हें देखते ही पलकें कुछ इस तरह झुक जातीं हैं,

उनके आगे पूरी दुनिया भी नज़र कहाँ आती हैं,

चुपके-चुपके उन्हें देखने में अलग ही बात है,

हम उन मुलाकातों में भी बयान न कर पाए ऐसे हमारे जज़्बात हैं,

ये जिनका आये दिन breakup होता है,

उन्हें कहाँ मालूम है कीमत प्यार की,

उस एकतरफा आशिक़ से पूछो,

कीमत अपने यार की,

इसके शिकार हम भी हैं,

Crush के चक्कर में हम भी पड़े हैं,

अरे याद आया,

अब हम चलते हैं,

वो क्या है न हमारे मेहबूब छत पर खड़े हैं!!

मेरे दिल का हाल

देवी हुआ करती थी जहाँ मैं,

अब वहीं कहलाई जाती हूँ माल,

आख़िर किसे बताऊ मैं,

अपने दिल का ये हाल।

मना कर दिया जब साथ सोने को,

तो मार-मारकर कर दिया मेरा चेहरा लाल,

आख़िर किसे बताऊ मैं,

अपने दिल का ये हाल।

नज़रें उठाते हैं वो,

फ़िर भी उठाए जाते हैं मुझ पर ही सवाल,

आख़िर किसे बताऊ मैं,

अपने दिल का ये हाल।

"मेरी बेटी मेरा अभिमान",

आप ही कह रहे थे,

फ़िर जब उड़ा मेरे बदन से दुपट्टा,

तो क्यों इस तरह देख रहे थे?

"मुझे इंसाफ कब मिलेगा?"

यही है हर पीड़िता का सवाल,

आख़िर किसे बताऊ मैं,

अपने दिल का ये हाल!!

मेरी उड़ान

पंख फैला कर आसमान में,

मैं ऊचाइयों पर उड़के दिखाउंगी,

बेटी हुई तो क्या हुआ,

मैं नाम रौशन करके ही घर आऊँगी,

खूब मेहनत करके इस जहां में,

मैं भी अपना प्यारा-सा आशियाँ बनाऊँगी,

अपना अधिकार पाने के लिए,

मैं इस पूरी दुनिया से लड़ जाऊँगी,

घर से बाहर निकली हूँ तो,

बदनामी नहीं इज्ज़त बढ़ाऊँगी,

बाहर जाने की इजाज़त तो दो,

बुरी नज़र वालों की भी नज़रें मैं झुका दूँगी,

इस दुनिया को मैं बाबा,

अपने जीने लायक बना लूँगी,

किसी से भी लड़ लूँगी,

पर आपसे न लड़ पाऊँगी,

बातें समझने की कोशिश करोगे,

तो फिर कभी आपसे कुछ न छिपाऊँगी,

लड़कियों को कमज़ोर समझने वाले इस समाज को,

हमारी असली कीमत मैं बताऊँगी,

पूछो तो इनसे ज़रा क्यों इतना घमंड लड़कों पर है,

आख़िर उन्हें भी तो इस दुनिया में,

मैं ही लेकर आऊँगी,

पर बाबा आप ये भी तो सोचो,

की इतना सब क्या मैं घर की चार दीवारों में बंद होकर कर पाऊँगी?

दोस्तों से भी मिलने दो न,
वादा करती हूँ साँझ से पहले लौट आऊँगी,
एक बार करने तो दो मुझे अपने मन की,
मैं कुछ बेहतर ही करके दिखाऊँगी,
मैं नाम रौशन करके ही घर आऊँगी?

हमसे भेद-भाव क्यों

चलने को चप्पल नहीं पैरों में,

परिवार ढूंढते हैं गैरों में,

क्योंकि गरीबी में अपने ही छोड़ जाते हैं,

भटकता इन शहरों में।

बताऊँ किसे दर्द अपने,

कोई आवाज़ सुनने वाला ही नहीं है,

देश तो बढ़ रहा है आगे,

पर हम आज भी वहीं हैं।

भेद-भाव के बोझ में दबे हुए-से,

भटक रहें हैं उन राहों पर,

भूख मिटाने तक को पैसे नहीं,

पानी डाल दिया बाकी सभी चाहतों पर।

क्या कभी उन महलों के वासियों को,

यह खयाल आता होगा,

कि जो नन्हा-सा बच्चा उस भीड़ में जब हाथ फ़ैलाता होगा,

तो खाली हाथ लौटकर उसे वो गम नहीं रुलाता होगा?

कहते हैं पैसा सब कुछ नहीं होता,

सब यहाँ खुशियों के उम्मीदवार हैं,

अरे भाई कभी आकर देखो हमारी गालियों में,

हर एक उस मुस्कान पर उधार है।

अब फिर से वो चुप्पी साध लेंगे,

अपने ग़मो को दिल में ही छुपा लेंगे,

इतना बयाँ कर दिया है उनकी ज़िंदगी को,

एक आँसू के साथ हम भी अपने शब्दों को अब लगाम देंगे!!

उस शाम के बाद...

उस शाम को हम आखरी बार मिले थे,
लगा उसके बाद शाम ही नहीं हुई,
रातें ढलती गई सुबह गुजरती गई,
शामें तो मानो गुमशुदा हो गई...
शाम को शाम से रात की तरह मिलना था मुझे तुमसे,
कैसे कोई जाने की आखिर फिर क्यों बात न हुई,
जुदा तुमसे, खफा सबसे हो चुके हैं हम,
अब एक शाम भी यारों के संग न गुजारी,
कैसी हद दीवानगी की दर्शाई है तुने,
शाम की दीवानी हो श्याम को भी छोड़ गई,
और फिर भी मैं सोचता रहा,
शायद उसके बाद शाम ना हुई!!

कोरोना की हवा

ऐसी चली वो एक हवा,

जो सब कुछ उड़ा कर ले गई,

मुस्कुराहट छीन ली सभी की,

वो आँसुओ की बरसात दे गई।

होने वाली थी मुकम्मल,

उस तूफ़ान से जीतने की दास्तान भी,

दस्तक ली उस एक झोंके ने,

कई मासूमों की ज़िंदगी,

और सभी के जीने की आस ले गयी,

ऐसी चली वो एक हवा,

जो सब कुछ उड़ा कर ले गयी।

न चाह धन की,

न हवस तन की,

2 पल की जुदाई मन से हुई,

तो लगा एक तबाही सी मची है,

पहुँच गए सब चरणों में उनकी,

जिसने यह दुनिया रची है,

कई भावों से भरी वो दिल की प्रार्थना,

हम सबने अर्पण कर दी,

बस इंतेज़ार उस पल का है,

जब लग जाए इस प्रार्थना की अर्ज़ी,

और हरा दे उस हवा को,

वही हवा जो सब कुछ उड़ा कर ले गई!!

खंडर

धीरे-धीरे ये ज़माने गुज़र जाएँगे,
हमारे घर भी एक दिन,
खंडर बन जाएँगे...
धीमी धार-सि चलती इस हवा की,
रफ्तार बढ़ने से वो बवंडर बन जाएंगे,
हम अपनों से दूर,
अपने ही ग़ैर हो जाएंगे,
साथ चलते-चलते,
यह रास्ते अलग हो जाएंगे,
पत्थरों से बनी वो हवेलियां आज खंडर बन चुकी हैं,
उनकी दीवारें कमज़ोर होने पर,
उनपर भी ताले लग जाएंगे,
ठीक इसी तरह से,
यह ज़माने गुज़र जाएंगे,
और हमारे घर भी एक दिन,
खंडर बन जाएंगे!!

4. सत्यम कुमार चौधरी

सत्यम चौधरी (उपनाम : सत्यम कुमार चौधरी)
जन्म स्थली: समस्तीपुर, बिहार (27 नवंबर 2002)
अपनी माध्यमिक शिक्षा बीएसएफ सीनियर सेकेंडरी स्कूल, जालंधर,
पंजाब से प्राप्त की तथा उन्हें विभिन्न संस्कृतियों के बारे में जानने
मे बहुत रुचि है।

हिंदी और अंग्रेजी दोनों में बराबर रुचि के साथ दोनो भाषाओं में लिखने तथा पढ़ने का शौंक रखते हैं।

Social Media–

Instagram : @satyamchaudhary22

Twitter : @satyamchy1

Snapchat: satyam271103

Mail : satyamchaudhary705@gmail.com

ये हिन्दू मुस्लिम क्या है?

ये हिंदू मुस्लिम क्या है?
ज्यादा पता नहीं मुझे,
लेकिन हां सेवइयां बहुत अच्छी लगती है।

मंदिर का प्रसाद भी बहुत स्वादिष्ट होता है और मस्जिद में हो रही
अजान भी कानो को और रूह को एक अजीब सा सुकून देती है।

मैं ज्यादा पढ़ा लिखा नहीं अभी 11वीं में ही हूं मगर फिर भी यह धर्म
के आधार पर हो रही लड़ाइयां मुझे फिजूल सी लगती है।

आज मंदिर मस्जिद के लिए लड़ रहे हैं, नागरिकता कानून की बहस है,
कल कुछ और होगा।

कुछ राजनेता इन परिस्थितियों का इस्तेमाल करते हैं मगर इसमें भी
दोष हमारा ही है, हम ही उन्हें ऐसी परिस्थितियां पेश करते हैं।

यह सब करके हम क्या पाना चाहते हैं?
अपनी अगली पीढ़ी को क्रोध, एक दूसरे के प्रति ईर्ष्या के अलावा और
कुछ नहीं दे रहे।

हम सब बदलाव चाहते हैं किंतु बदलना कोई नहीं चाहता...!!

त्रासदी

सबसे दुखद त्रासदी हैं प्रेम का राजनैतिकरन
भक्त का भगवान के प्रति
कल का आज के प्रति
और मेरा तुम्हारे प्रति...!!

इज़हार ज़रूरी तो नहीं

हां, करता हूं तुमसे प्यार
इज़हार ज़रूरी तो नहीं

मेरी हर बात पर तुम्हारा
इन्कार ज़रूरी तो नहीं

तुम मेरी हो जाओ
यह बात ज़रूरी तो नहीं

तुमसे मिलू, बातें करूं
बातों में वो बात हो
यह बात ज़रूरी तो नहीं

हां, करता हूं तुमसे प्यार
इज़हार ज़रूरी तो नहीं

तुम्हे भी मुझसे मोहब्बत हो
मोहब्बत में यह व्यापार ज़रूरी तो नहीं

चाहती हो मै रोज़ मिलू तुमसे
यह मुलाकात ज़रूरी तो नहीं

हां, करता हूं तुमसे प्यार
इज़हार ज़रूरी तो नहीं...!!

मधुशाला

बैठा मैं मधुशाला में
सोच मुझ पर गहन भारी

मैं सोचू हैं कौन अधिक नशीली
मद, मदिरा या फिर नारी...!!

फूल

अब जब मैं तुमसे मिलूंगा

मेरे हाथों में गुलाब का फूल होगा

परंतु मेरे अधरो पर हंसी ना होगी

वो हंसी जिसकी हो गई मृत्यु

और मृत्यु अपने साथ लाती हैं पीड़ा

वो पीड़ा जो फूलों को हुई जब मैंने उन्हें तोड़ा...!!

गंगा

तुम नदियों में नदी गंगा
मैं घाटों में घाट बनारस का...!!

हाल

दिल-ए-नाकाम का हाल कुछ ऐसा हैं
ना कुछ बदला हैं, ना कुछ पहले जैसा हैं...!!

नज़म

कुछ ग़ज़लें लिखने में जिंदगी बीत जाती हैं,

जिंदगी का बीतना तब पता चलता हैं जब कोई नज़म अधूरी छूट जाती हैं...!!

हकीकत

आंखों में तेरे ख़्वाब लिए जीए जा रहे थे हम,

तेरा यूं हकीकत में आना हमें बर्बाद कर गया...!!

कश्मीर

वो टूटे चट्टानों के टुकड़े
वो जलता घर पीर का
रक्त रंजित हुई माटी
दर्श ना कहीं नीर का

वो चीखों से गूंजती घाटी
वो सूखी झेलम की माटी
भूलना वो अमन के गीत
वो लाल हुए मेहनाज़ का

वो 1990 की रातें
वो जातिए दंगे और फसादें
वो छल रहित भाव ख़तम
वो हृदय से मिटते प्रीत का

कुछ उजड़ा कुछ बसा
हृदय में बसे गीत सा
मैं बाशिंदा हूं उस कश्मीर का...!!

5. संस्कृति सौम्या

संस्कृति सौम्या जंगलों की धरती से उठती एक भावुक गायिका, झारखंड जो अभी भी हाई स्कूल की छात्रा है और लेखन के माध्यम से संवेदनशील या अनसुने विषयों पर रोशनी डालने का काम कर रही है।
Instagram:- @sanskritisaumya_

Twitter:- @Sanxriti1

एक सफर

एक सफर ऐसा करना है,
रास्तो के लिये मंजिलों से गुजरना है।

वादियों से लड़कर,
हवाओं में ठहरना है।
हर एक लम्हे को,
यादों में भरना है।

ना चाहत मंजिल की,
ना तय हो कोई रास्ता।
छूटे रास्ते तो लगे,
क्या बस इतना ही साथ था?

ना किसि का साथ हो,
ना ही दौड़ हो खुशियों की।
भटकु इतना झरनो में,
मै हो जाऊँ झीलों सी।

इस दौड़ भाग से भाग ही जाऊँ,
कूछ ऐसा कर गुजरना है।
एक सफर ऐसा करना है,
रास्तो के लिये मंजिलों से गुजरना है।

जादूनगरी

कभी सोचा है रुककर
ये कैसी सी जिंदगी है
दिखती है सादी पर
क्या ये वोही है?

या कोई राज़ सा है
इसमे गहरा दबा
ये सारी चीजें सच्ची है
या है इनमें जादू छुपा

सोचो गर इन रातों को
तारें निचे आये तो?
या बेजुबान से जानवर
चुपके गीत गुनगुनाये तो?

ये ऊंचे-ऊंचे पर्वत
मानो घर है जादुनगरी का
उपर गोद में लिये प्रकृती
अंदर जाने कौन छुपा?

पर फिर जादू ढूँढे क्यू?
इस दुनिया के परे यूं हम
ये इंद्रधनुष,चिडियाँ और बादल
क्या है किसी जादू से कम

अंधेरा सवेरा

एक अंधेरा सवेरा
जाने कहा खिंच लेजाराहा है
कही भटक ना जाना
कह कर और भटका रहा है

रात भोर की सोह नही
ना सुध है खाने पीने की
नब्ज़ अभी तक जिंदा है
बस यही वजह है जीने की

देखा खुदको शीशे में
तो मन ही मन में चीख़ पड़ी
पर किसे बताऊँ रो-रो कर
इसमे मेरा दोष नही

पर फिर....मन ही तो था संभाल लेती
नया माहौल जंचा नही तो खुदको ढाल लेती
बातें घर की है तुम्हे तो कुछ कहा नही
पर अब तुम्हे ही संभालना है सब
हमारे बस में तो कुछ रहा नही

ना जाने इन बातों को सुनकर
कब रोना भी छोड़ दिया
जब आँसू उभरते दिखे
तो उनका गला भी घोंट दिया

हाँ है मेरा मन
इसको भी मैं ही बहलाऊँगी
जब अंधेरा चुना है
तो सवेरा भी मैं ही लाऊंगी

6. दिव्या

दिव्या,
एक लेखक, जो लिखती है क्योंकि उसको शब्दो के साथ खेलना पसंद हैं। उसे अपने जज्बातो को बोल कर ज़ाया करने से ज्यादा लिख कर समेटना पसंद हैं।

किसी लेखक ने सही ही लिखा हैं....

जब-जब अंतर अकुलाता है भावों की धार बहाता है मैं निज छंदों से सींच-सींच स्वप्नों की फसल उगाता हूँ। मे एक लेखक हुँ बस लिखता जाता हूँ।।

Email: divya1hada@gmail.com

माँ

आज जब लिखने बेठी तो सोचा क्या लिखु,

माँ को ज़िन्दगी इबादत खुदा का फरीशता तो सब कहते है और सही भी कहते है।

माँ खुशी मे कभी याद आये या न आये,

दुख और गम मे सबसे पहले याद आती है।

मैने कभी भगवान को नही देखा,

पर वो भी तेरी तरह ही होगा माँ।

तुम्हारे होने से मे खुद को मुकम्बल मानती हु,

मे रब से पहले तुझे जानती हु।

जब मुझे बोलना नही आया तब भी कैसे सब कुछ समझ जाती थी,

और बड़े होने पर मै हर बात पर कहती रही तु ना समझेगी माँ।

मुझे आज तक समझ न आया इस मतलबी दुनिया मे भी,

तुने मुझ पर बिना किसी मतलब इतना प्यार कैसे लुटाया।

जानती हु मेरी हर गलती के लिए तुने मुझे कबका माफ कर दिया होगा,

पर फिर भी अपनी हर गलती के लिए दिल से माफी मागती हु जिसके लिए मेने तेरा दिल दुखाया होगा।

माँ की अहमियत क्या होती है,

ये मुझे भी खुद माँ बनने पर ज्यादा समझ आया।

बेटी

माँ पापा की लाडली बेटी दूजे घर मे बिहाई,

हाय बनाने वाले तुने कैसी रित बनाई,

तुने बनाने वाले के घर बेटी न जनमाई,

गर बेटी होती जनमाई तो यह रीत न होती बनाई।।

पापा ने अपनी सारी पुँजी दे कर भी यह चिंता जताई,

क्या मेने बेटी सही घर बिहाई,

हाय रे इस रीत मे दहेज के नाम पर फिर एक बेटी जलाई।।

अपना घर माँ बाप सब छोड कर बेटी दूजे घर आई,

उस घर को अपना बनाने मे रात दिन एक कर नयी दुनिया बनाई,

फिर भी वो दूजे घर की ही कहलाई।।

बेटी समझ न पाई दूजा घर कौनसा,

जँहा जाने के लिए मिन्नतें लगाई या वो,

जँहा से कई बार बिना अपनी मर्जी गयी बुलाई।।

अपने

हां वो मेरे अपने है जब मे उत्सव मनाता हु ,

पर जब मै गम की गहराईओ मे डुबा जाता हु तो उन्हें कही नही पाता हु।

हां वो मेरे अपने है जब मे सफलताओ के आसमान मे उडता जाता हु ,

पर जब मै नाकामी की खाई मे धसा जाता हु तो उन्हें कही नही पाता हु।

हां वो मेरे अपने है जब उनको मेरी ज़रूरत है,

पर जब मुझे उनकी ज़रूरत हो तो उन्हें कही नही पाता हु।

हां वो मेरे अपने है जब मे अपनी ज़िंदगी के सबसे खूबसूरत पायदान पर हु ,

पर जब मे अपनी उम्र की आखरी दहलीज पर खडा हु तो उन्हें कही नही पाता हु।

"बहुत हुई समझदारी"

बहुत हुई समझदारी , अब ना समझ बनने को जी चाहता हैं।

बहुत हुआ दुसरो के लिए जीना , अब खुद के लिए जीने को जी चाहता हैं।

बहुत हुआ दुसरो की खुशी मे खुश होना , अब खुद के लिए खुश होने को जी चाहता हैं।

बहुत हुआ लौगो की सोच कर अपने फेसले बदलना , अब खुद के लिए
कुछ फेसले लेने को जी चाहता हैं।

बहुत हुआ हर किसी को अपना बनाने की कोशिश करना , अब सच में
जो अपने हैं उन पर जान लुटाने को जी चाहता हैं।

बहुत हुआ दुसरो के लिए खुद को बदलना , अब पुरी तरह खुद से मिल
जाने को जी चाहता हैं।

बहुत हुआ दुसरो के मन की करना , अब खुद के मन की करने को जी
चाहता हैं।

बहुत हुई समझदारी , अब ना समझ बनने को जी चाहता हैं ना समझ
बनने को जी चाहता हैं।

7. साक्षी शर्मा

दिल्ली विश्वविद्यालय से स्नातक करते हुए इस कवियत्री के शब्दों को उड़ान देने की आदत है।

कुछ किस्से अनकहे से, अनमिटे से इन यादों की झोली में से, हाल-ए-दिल को मेरे, शब्दों का सहारा है, हाल-ए-दिल को मेरे, शब्दों का सहारा है!

Instagram : @sac.sheee

बेजान बातें

उन बेजान बातों में न जाने कौनसा दम है
जो यूँ इंसानों को लड़ा देती है,
जुड़ना चाहे फिर उन बातों को छोड़कर
तो ढंग से जुड़ने नहीं दे पाती हैं।

.

अंधेरे से भरी गलतियों की बखारी में
माफ़ी का दीया क्यों जला दिया जाता है?
जब मर जाती है चूड़ी उन अल्फ़ाज़ों की,पेश करते वक़्त
तो फिर क्यों ठीक करने का ज़िम्मा उठा लिया जाता है?

.

सही गलत सब उस समय क्यों याद आता है
जब किसी के सफर में किसी का साथ छूट जाता है,
अनजानी गलतियों में उसके वजूद का शिकार करने के बाद
उसकी बारीकियों को याद करने का बहाना फिर क्यों चुना जाता है?

.

बिगड़ी बातों का, खराब हालातों का पिटारा जाने अनजाने में कब सिमट
जाता है?
लेकिन बिछड़ जाता है जब हमसे कोई, तो यादों का समा क्यों लिपट
जाता है?
जीवन में कभी बिगड़ी बातें सुधरेगी भी
या हमें हमेशा की तरह समझौते को ही सहते जाना है,
बस देरी की जल्दी न हो जाये इस सफर में
क्योंकि अंत में तो हमें वैसे भी कहानी ही बनकर रह जाना है।

झाँक कर जो देखा..!

आज काफी समय बाद दराज़ में निगाहों को झाँकते देखा

नजाने कितने पुराने खत मिले

तो कितने रिश्तों का लेखा जोखा

धूल सी जमी पड़ी मिली

उन तस्वीरों पर

जिनपर हसीन चेहरों पर मुस्कुराहट का इशारा था,

लग सी गई कतारें कुछ यादों की

जिनसे बखूबी हिम्मत का सहारा था।

हौले से हटाकर दस्तावेजों को

मैंने कुछ पन्नो को अपने पास बुलाते हुए सुना था,

बराबरी पर उतरकर यादों की याद का हक मानना,

न जाने क्यों इस पल मेरे लिए गुनाह था।

रखे गुलाब के वो फूल बेरंग होकर

पता नहीं कब उन पन्नों को रंगीन करते चले गए,

ढूंढते उनकी रखाव की चाहत को भी कैसे

समय की रफ्तार के साथ वो भी धूमिल होते चले गए।

कहानी सत्या की

बंद कर दो खिड़कियां
सारी मैं कहीं नहीं जाऊंगी,
बस तेरे आंचल में छुप कर
मां बंद होकर रह जाऊंगी।

सूरज की किरने भी बरसी
है आग जैसी,
पानी की बूंदे भी लगती है
तेजाब जैसी।

अब तो हवाओं में भी ज़हर
सा घुलता है,
ले माँ बचा ले मुझे अब
बहुत डर लगता है।

समझ लिया
था तेरी बेटी ने एक
अनजाने को अपना सा,
लेकिन लगता है अब वो
एक बुरा सपना सा।

याद है बचपन में आप से
मेरी एक पुतली टूटी थी,

जिसके लिए मैं आप से
कितनी ज्यादा रूठी थी।

उस कांच की पुतली में
नहीं थी कोई भी जान,
लेकिन थी उसकी भी एक
अलग आन, बान और

आज तेरी बेटी उस पुतली
की जगह खड़ी है और वह
सिर्फ एक ही बात पर अड़ी
है,

क्यों, क्यों यह सिर्फ उसके
साथ ही हुआ,
क्यों अजनबी को उसका
ही ज्ञात हुआ।

क्या नहीं आएंगे अब
कान्हा इस द्रौपदी की लाज
बचाने,
क्या अब यह वस्त्र उस
अकेली को हे सजाने।

दुशासन की नगरी है यह,
हर एक इंसान की अब
डगरी है यह।

अंधा, गूंगा, बहरा आदि
सब करते हैं यहां अपनी
मर्जी की राजि।

शायद यह बात अब
सबको जन्मों-जन्मों तक
याद आएगी क्योंकि,
सब ने हमें बचाने की कसमे जो
खाई थी |

काश जनम लेते ही कर देती तू मेरी
हत्या,
तो इस हरकत से
बच जाती तेरी भोली
सत्या||

असलियत ज़िंदगी की

कहते है दुनिया में आए हो तो कुछ बनके जाओ,
अच्छा और ऊंचा अपना नाम करके जाओ |

सुनने में तो ये बातें लगती है अमृत की फुहार,
लेकिन करने वाले के लिए बन जाती है विष की धार |

आए दिन की रोक टोक से खून खोलता है,
अब इस बैचेनी से दम गुटाता है।

मान तो कारता है की चलें जाएं कहीं,
जहां हम मन की करें और सब हो सही |

चाहे लडका हो या लड़की वो इसी तरह रोज जीता है,
अंदर ही अंदर एक एक कतरे के लिए मरता हे|

भगवान का दिया हुआ जिस्म है इसमे हमारी क्या गलती,
अगर इस जिस्म की बनावट ऐसी है तो लड़कियों से क्यू सकती।

प्यार में धोका हो तो बेवफा बन जाती है,
घर मां बाबा की छोडे तो बेहया कहलाती है|

छोटे कपड़े पहने तो नीलम हो जाती है,
अगर ढकी रहे तो मजाक बन जाती है।

लड़कियों का तो छोडो लड़कों के साथ भी ऐसा ही होता है ,
क्युकी ये रोक टोक सबके साथ होने वाला संजोगा है।

जिम्मेदारी की वजह से उन्म चछुपी सी अजाती,
चोटी सी उमर में जिंदगी उनसे सब सहन कराती।

उनके सपनों की नीलामी भी सरे आम होती है,
और अगर कोई नही तो सिर्फ बारिश ही उनके साथ रोती है।

हर पल अब सिर्फ एक ही सवाल आता है की क्यू दी जिंदगी अब यही
खयाल आता है।।।

ना कोई अपना यहां,
ना ही कोई पराया।

जुटी है सबकी वफा,
सब कुछ है मोहमाया।

और सच कहूं तो ऐसी जिन्दगी का मतलब अब समज आया।।।
जिन्दगी नहीं ये तो है एक
" मौत का साया"

याद

अरे सुनो उससे कहना उसकी याद बड़ी आती है,

कुछ और तो नहीं बस ये मेरे दिल को देहलती है,

रात को जब सोने जाऊं तो ये मन को सहलाती है,

फिर कुछ ही देर में ये आंसू की बरसात ले आती है,

हर पल हर लम्हा मुझे सताती है,

अरे सुनो उससे कहना उसकी याद बड़ी आती है|

दुनिया के सामने जुठा बनने को मजबूरी कराती है,

अंदर ही अंदर मेरा दाम सा घुटवाती है,

बहुत मन करता है खुल कर हसने को,

पर उसकी कमी छुपी बनवा जाती है क्योंकि,

अब भी मुझे उसकी याद बड़ी आती है|

मुझे अपनी गलती का बार बार एहसास दिलवाती है ,

उससे पाने के रास्ते पर बार बार मुझे चलवाती है,

नफरत की कोशिश करूं तो मोहब्बत से रूबरू कराती है,

बस यही बुरी आदत मेरी कहां जाती है

हॉ अब भी मुझे उसकी याद आती है।

दुनिया से लड़कर उसे वापिस पाने का हौसला दिलवाती है ,

"क्या तुझे हमेशा के लिए खो दिया मैने"ये अपने आप से पुछवती है,

खुशी ,प्यार,लोग इनसे नजर चुरवाती है,

कभी हौसला तो कभी दुख खुद ही बन जाती है,

हा?....

पर...
तब भी कहीं न कही..
कभी न कभी...
उससे कहना...उसकी याद अब भी आती है।।

9. सुषमा सिंह

लेखन के साथ ही ज्योतिष शास्त्र में भी रुझान है।

स्नेह

एक साथ रहने का सुरव अकथनीय व अकल्पनीय
कभी परस्पर बतियाते एक दूसरे की हंसी भी उड़ाते
हर सुख दुःख चन्द दिनों में ही विसराते
अलग होने के नाम से ही सिहर जाते
बनते बिगड़ते माहौल में
नवनिर्मित सेतु से इगमगाते ।।

बंधन

माना कि तुम्हे मुझसे नेह नही।
अकारण प्रताड़ित तो न करो
मेरा नेह बन्धन इतना शिथिल भी नहीं
कि उसने तुम्हे कही से बाँधा नहो
आन्तरिक कड़वाहट को भुलाकर
अन्तर्मन में खोजो उस गाँठ को
और खोल दो सप्रयत्न
जिससे पुन: जाग्रत हो सके
हमारा आपसी प्रेम व सौहार्द
मेरी विश्वसनीयता मुझे लौटा दो।

मुस्कान

किसी की मासूम मुस्कराहट याद आने लगी है। बुझते हुये दीपक की लौ
फिर उठने लगी है।।
हमसफर तू मेरे करीब होता तो क्या बात थी।
तेरी दूरियाँ भी राहत पहुंचाने लगी हैं।।
मायूस इस दिल को फिर बहलाने लगी है।

मन की माया

कौन अपना है, कौन पराया कण-कण में वही समाया।
हे मानव तू क्यों भरमाया आत्मा पर परमात्मा का साया।।
यह कोरी मिट्टी की काया निर्धन का धन उसकी काया।
लोभी का धन उसकी माया योगी पर भगवन का साया।।
तू चुन ले जो तुझको है माया।

रवानगी

खुशी में डूबना, उतरना।
कुछ चाहना कुछ कर जाना
अश्कों का डबडबाना और छलक जाना
जैसे मयकश का मयकदे में जाना व बहक जाना
ज़िंदगी में सैलाब का आना सब बिखर जाना।
राह के खुशनुमा मञजर में ठहर जाना, और लड़खड़ाना
दीवानगी की हद से गुज़रता, कोई दीवाना।

10. देशना जैन

कक्षा १२वी में वाली क्राइस्ट सीनियर सेकेंडरी स्कूल, गुना (म.प्र.) की छात्रा हैं।

13 वर्ष की उम्र में अपनी पहली कविता लिखी थी, हिंदी अध्यापक ने और कविता लिखने के लिए प्रोत्साहित किया। यह अपनी आसपास की घटनाओं को देखकर अपनी कविता लिखती है।

Mail: deshnapple@gmail.com

स्वयं को जानो

एक दिन अकेले बैठ सोचा मैंने,
क्या बस आई हूं ज़िंदगी के
इस नाटक का अभिनय करने!

अपने आप को ढाला मैंने,
अनेक किरदार निभाने के लिऐ
और खुदको कहीं दूर फेक दिया
ज़िंदगी के इस नाटक के लिऐ

सोचने पर समझा मैंने!
अस्तित्व को अपने
सही जाना नहीं अभी मैंने
आकुलताएं सारी मिट जाएंगी मेरी
जिस दिन जान लूंगी "मैं स्वयं को"।

नहीं आएगा फिर यह "पल"

हमेशा सोचा करती,
आज नहीं तो कल,
जी लूंगी यह पल।

पुरानी गलतियां सुधारती रही,
आने वाला कल सवारती रही,
और आज कभी जिया ही नहीं।

सोचा!
पहले के रुठो को मनालू,
कल के लिए नए रिश्ते बनालू,
पर आज की नहीं थी खबर
बस बीते हुए और आने वाले,
"कल" की थी फिकर।

नहीं आ रहा था समझ,
क्या कर रही थी मैं।
बस यूंही कुछ बेतुकासा,
हासिल करने को मर रही थी मैं।

सुना तो था मैंने,
आज की खुशी नहीं मिलेगी कल,
फिर भी पागल थी जो सोच रही थी
आज नहीं तो कल,
जी लूंगी यह पल।

लड़की हूं मैं!

ये पहनना मना हैं,
वो पहनना मना हैं,
लड़की हूं मैं!
मुझे मर्जी से जीना मना हैं।

अकेले जाना मना हैं,
देर रात बाहर रहना मना हैं,
लड़की हूं मैं!
मुझे मर्जी से जीना मना हैं।

देखते है जैसे लोग,
खज़ाने की तरफ ,
देखते है वैसे ही
हमारी भी तरफ
खज़ाने लूटने वाले
खाते है जेल की हवा
पर, हमे लूटने वाले को
क्यों नहीं मिलती फांसी की सजा

मानते तो हैं हमे,
"लक्ष्मी", "पार्वती" का रूप
फिर कैसे कर लेते है
हमारे साथ ऐसा सुलूक?

ये पहनना मना हैं,
वो पहनना मना हैं,
लड़की हूं मैं!

मुझे मर्जी से जीना मना हैं।

11. रोहित मेहता

"कभी अपनी कल्पनाओं और मोहब्बतो को छोर अपने अंदर चल रहे
वो तमाम अलग भावनाओ को समेट पन्ने पे उतारा है?
हां मैने करा है!!"
Instagram: @_rohitmehta

मैं सबका हूं, मेरा कोई नहीं

मैं सबका हूं, मेरा कोई नहीं

ये जमाना... ये जमाने के लोग

सब मतलब के हैं... यहां मेरा कोई नहीं।।

यह जो दोस्त तुम्हारे हैं,

जरा पूछो इनसे कि अपना कौन सा रंग लिए ये सामने तुम्हारे हैं??

कभी छोटे भाई तो कभी बाप बन जाएंगे...

वक्त-वक्त की बात है यारों सभी अपना रंग दिखाएंगे।

यह कशिश तेरी जो हमें खींच लाते तुझ तक है...

मुस्किल-ए-रात में भी हमने तेरे दरवाजे पे दी दस्तक है ।

क्यों तेरी हर बात सुनना सही होता है?

और क्यों मेरी बारी में कोई नहीं होता है...!!

जो आज तुम्हारे साथ है...

कल तुम्हारे विरोधी हैं ।

ये दुनिया जरूरत की है...

जरूरत है तो ये लोग है

जरूरत ना...!! तो ना ये लोग है

ये जो बीन मतलब तुम्हारे साथ है..

तूने थामा जिसका हाथ है!!

आंखें खोलकर देख तुम्हारे मां-बाप है ।।

इसलिए कभी लगे अकेले हो तुम, तो मेरी एक बात

याद रखना तुम...

मतलबी लोगों के साथ रहने से कई बेहतर है अकेले रहना!!

क्योंकि जो तुम्हारे साथ आज में हंसते हैं..
ये वही है जो कल को सांप बन के डसते है।।
-Rohit Mehta?

क्या लिखूं?

बैठे-बैठे अचानक से
ख्याल आया कुछ अच्छा लिखा जाये...
मगर क्या??
आख़िर क्या लिखू??
कुछ पुराणी बात लिखू
या कीरो की आवाज़ से वो
गुनगुनाती रात लिखू..
सुबह सवेरे दरवाज़े पे वो
अखबारों की दस्तक लिखू...
या वो खोयी चिरयो की आवाज़ लिखू!!
आखिर क्या लिखूँ??

एग्जाम से एक दिन पहले वाली रात लिखू
या फ़िर कोई नयी बात लिखू...
सेट मैक्स का सूर्यवंशम लिखू
या बाबु शौना करने वालों की प्रेम गीत लिखू..
आखिर क्या लिखूँ??

(हमारे एक सर का फेवरेट डायलॉग था पढ़ने का टेंडेंसी डेवलप करो)
दोस्तों का साथ लिखू
या हर बात पे "भाई पार्टी" वाली बात लिखू...
लंच की घंटी लिखू
या पंकज सर की टे?नडनसी लिखू
लिखू तो आखिर क्या लिखूँ??

माँ की हालात लिखू
या पिता की वो हर एक चुभने वाली बात लिखू...
बहन का प्यार लिखू
या इनमें ही बसा अपना संसार लिखू
आखिर क्या लिखूँ??

देश की अच्छाई लिखू
या इसकी वो काली परछाई लिखू...
गरीबों की मेहनत लिखू!!
या अमीरों की शोहरत लिखू..
लिखू तो क्या लिखू??

भेद-भाव की चादर लिखू
या उंचे जाती को मैं आदर लिखू..
मानवता को मरा लिखू
या बूढे माँ बाप का वो लाठी ही,
एक मात्र सहारा लिखू!!
आखिर क्या लिखूँ??

पहले वाला अपना शक्तिमान लिखू
या आयरन मैन को ही बच्चों का भगवान लिखू..
बचपन की नादानीया लिखू
या उसे याद करते हुये कुछ,
मस्ती भरी कहानियाँ लिखू!!
लिखू तो आखिर क्या लिखूँ??

पड़ोसन की चुगली लिखू
या फिर कुछ इंसानों को मैं जंगली लिखू..
या बेटियों के कपरो के प्रति,

लोग क्या सोचेंगे वाली बात लिखू..
लेकिन कौन समझाए इनको की अगर
लोग क्या सोचेंगे ये भी हम ही सोचने लगे
तो आखिर लोग क्या सोचेंगे..??

कुछ अच्छा लिखने के सोच मे,
दिल के सारे जज्बात लिख डाला...
लेकिन सिर्फ दुख इस बात का है कि
"क्या को फिर से क्या ही लिख डाला!!"
-Rohit Mehta??

व्यर्थ नहीं वो बलिदान था

(14 फरवरी 2019 पुलवामा हमला)
ये कविता उन शहीद जवानों के नाम!!
शब्द मेरे होंगे, लेकिन भावना और आत्मा
एक शहीद जवान की ।।
~~

व्यर्थ नहीं वो बलिदान था

आसमां भी रोया था ।
धरती भी थर-थराई थी
किसी को ना मालूम था यारो
किस घड़ी मौत ये आई थी ।।

एक मां रोई, एक भाई रोया
रोया पूरा हिंदुस्तान था ।
लेकिन भारत माता के लिए,
व्यर्थ नहीं वह बलिदान था,
व्यर्थ नहीं वह बलिदान था।।

(आगे की पंक्तियों में वह अपना कैंडल मार्च देख कहता है कि)

मुझे घोड़ी चढ़ते देखना, मां का था एक छोटा सा ख्वाब ।
बहुत तो साथ नहीं ला पाया माँ, लेकिन लाई है बारात ।।

ओ बहना मेरी ना रूठना मेरे इस समाचार में...
तेरा भाई मरा नहीं है, शहीद हुआ है ।
इस मातृभूमि के प्यार में ।।

भाई मेरे, मेरे बाद तुम्हें ये परिवार संभालना है...
वो याद है मुझे, जो आखिरी जन्मदिन पर
तुमने मुझे बुलाया था।
तो क्या हुआ जो नहीं आया मैं?
आई मेरी कहानियां है...
तू ही तो केहता था, कि कभी कुछ चुना था नहीं हूं मैं..
तो खुश हो ना आज, जो तुमतक पहुंची पूरी किताब है ।।

नही रोया मै, चोट खाने पर...
नाही दुश्मन को हमने पीठ दिखाइए ।
ये बाते कैसे भुल जाता पापा,
अपने जो सिखाई हैं ।।

यहां नहीं कहीं और सही...
यार साथ हम एक बार फीर गुन-गुनाएंगे
अपनी-अपनी बहादुरी के किस्से,
हम साथ बैठ वापिस सुनाएंगे...

(शहीद जवान अपने शहीद साथियों से)
संग जीने मरने की कसमें थी खाई, जो हमने ।
उदास क्यों बैठे हो तुम...वो सारी हमने तो निभाई है
एक बार कान खोल सुन तो सही...
"वीर जवान अमर रहे" की पुकार
तमाम भारतीयों ने जो लगाई है ।।
मेरे भाई व्यर्थ नहीं वह बलिदान था।
व्यर्थ नहीं वह बलिदान था।।

जब तिरंगे से लिपटा शव वापस आया मेरे मकान था,
गर्व से उठा वो कंधा, में बैठ जहां देखा पूरा संसार था।

खुशी तो तब मिली जब माँ ने आंखों में आंसू लिए,
बीच सड़क पर दी सलामी थी...
हां मैं गर्व से कहता हूं,
व्यर्थ नहीं वह बलिदान था।
व्यर्थ नहीं वह बलिदान था।।

(सुनहेरी रात : त्योहार वाली रात)
(सीमा 1 : limits, सीमा 2 : border)
(रूपरंग : जातिवाद)

वो हर सुनहेरी रात, एक इंजीनियर एक डॉक्टर
चद्दर तान सो जाएगा ।
वहां अपनी सीमाएं त्याग, हर सीमा पे एक सिपाही होगा जो जागेगा ।।
कसम खाई थी उसने भी तेरा रूप रंग ना तौलेगा..
जिधर भी होगा वो, तेरी ही बोली बोलेगा।।

कदर करो एक सिपाही की...
वो सिपाही है।
हर बलिदान खुशी-खुशी खुद में पिरो लेगा।।
और यह तो कोई बलिदान नहीं, बल्कि विजय की परछाई थी। जरा
समय में पीछे जाकर देखो,
हमारी सेना ने क्या सबक सिखाई थी।।

दिल करता है दोबारा उठ जाने को
एक बार फिर से देश के लिए कुछ कर जाने को,
पर हम कफन से उठ पाते नहीं,
मेरे यार ढक लेते मुझे तिरंगे में...
क्योंकि वो कहते है ना, दुश्मन को पीट और अपनों को हम जख्म
दिखाते नहीं।।

बहुत कुछ केह दिया मैंने...
रोहित अब मुझे वापस सो जाने दो ।।
लेकिन मेरे दोस्त, मेरी एक बात याद रखना तुम

जब तक जिंदा, इन सैकड़ो भारतीयों के अंदर
हमारे लिए अभिमान है...
तब तक व्यर्थ नहीं कोई भी बलिदान है।
व्यर्थ नहीं कोई भी बलिदान है ।।
जय हिंद~~

लेखक (कंपाईलर) के पिछले काम

The following books are a part of "Florio-Trilogy" by Suryansh S. Chauhan. Each book consists of 51 poems by the author.

• Published as an Author (solo) of the book 'The Fading Bud' (ISBN : 9781639202218) 10th May, 2021

• Published as an Author (solo) of the book 'The Evanescent Floret' (ISBN : 9781685236533) 11th August, 2021

• Published as an Author (solo) of the book 'The Dwindling Bloom' (ISBN : 9781685869939) 18th October, 2021

Anthology-

• Published as a compiler of the book 'Flame Petals' (ISBN : 9798885469609) 30th December, 2021

THE
FADING
BUD
Suryansh S. Chauhan

The
Evanescent
Floret
Suryansh S. Chauhan

The
Dwindling
Bloom
Suryansh S. Chauhan

Flame
Petals
Compiled by
Suryansh S. Chauhan

पढ़ने के लिए आपका शुक्रिया!